The writer was born in the village of Chatine in northern Lebanon and is married to Rita Chedid. He studied and practiced engineering throughout his career, and maintained his passion for poetry as a hobby, believing that literature was declining in the ranks of his society's concerns, without ruling out publishing some works one day. After many years behind, it is time now to scoop some words from the spring of human warmth, the first dimension of what portrays humans.

A tribute to my late parents.

Edward Tarabey

THE VOICE OF THE STONE

AUSTIN MACAULEY PUBLISHERS®
LONDON • CAMBRIDGE • NEW YORK • SHARJAH

ISBN 9789948748663 (Paperback)
ISBN 9789948748670 (E-Book)

Application Number: MC-10-01-4747158
Age Classification: E

The age group that matches the content of the books has been classified according to the age classification system issued by the Ministry of Culture and Youth.

First Published 2024
AUSTIN MACAULEY PUBLISHERS FZE
Sharjah Publishing City
P.O Box [519201]
Sharjah, UAE
www.austinmacauley.ae
+971 655 95 202

Thanks to the people who worked on the book production
and publishers.

Part 1

أَيُّهَا الْعَابِرُ فِي الْخَرِيفِ
O wayfarer in the fall
تَمَهَّلْ
Slow down
سَيَتَدَفَّقُ لَكَ الْوَقْتُ هُنَا
Time will flow for you here
حَدِّقْ إِلَى هَامَاتِ الْأَشْجَارِ
Look at the treetops
يَا لَهَا مِنْ أَنْفَاسٍ عَاصِفَةٍ يَنْسِجُهَا الْخَرِيفُ
What a windy breath, the fall weaves
فِي هَذَا الْحَيِّ الْمَهْجُورِ
In this deserted neighborhood
وَمِنْ أَجْلِ الْإِغْنَاءِ الرَّحْبِ
For the most bountiful enrichment
لِقِسْمَتِنَا مِنَ الْحَيَاةِ
Of our share of life
نَذُرُّ نَوَارِسَ أَفْكَارِنَا
We devolve the larks of our thoughts
لِتَجُوبَ الْفَرَاغَ الْمُتَرَامِي
To cross the sprawling void
عَبْرَ جُمْجُمَةِ الْعَالَمِ
Across the world's skull
وَيُزْهِرُ دُخَانُ الْوَسَنِ الشَّاحِبِ
Blooming the smoke of a pale drowsiness
الْمُتَكَثِّفُ سُدًى فَوْقَ مُحَيَّانَا
Condensed in vain on our faces
نَحْنُ أَبْنَاءُ هَذَا الْوُجُودِ الذِّهْنِيِّ
We, the children of a mental existence
نَأْتِي الْمَدِينَةَ مِنَ الْبَوَّابَاتِ
We enter the city from the gates[1]
نَعْزِفُ عَلَى قِيثَارَةِ الْغُرُوبِ
We play on the harp of the sunset
عَصَافِيرَ مُرْتَعِشَةً
Trembling birds
لِلصَّفْصَافِ الْمَخْمُورِ

---

[1] From Jeremiah 17:25

For the drunken willows
يَتَرَاقَصُ فِي عَشِيَّاتِنَا
Dancing at our sundown
وَبَيْنَمَا تَنْطَلِقُ هَذِهِ الْكَلِمَاتُ
And while these words go off
تَجُوبُ الْأَنْهَارُ السَّمَاءَ
Rivers roam the sky
تَهْرَعُ الْغُدْرَانُ هَبَاءًا
Brooks rush in vain
وَأَسْمَعُ عَجَلَاتٍ قَدِيمَةٍ تَلُفُّ الطَّرِيقَ
And I hear old wheels wrapping the road

Part 2

فِي الطَّرِيقِ الطَّوِيلِ إِلَى الْمَنْزِلِ

On the long way home

قَابَلْتُ رَجُلًا يَقْبُوَ الْأَمْسَ بِالْغَدِ

I met a man spanning tomorrow to yesterday

نَحَتَتْهُ رِيَاحٌ خَافِتَةٌ

Carved by a breeze

عَلَى مَفَارِقِ تَشْفِيرِ الْوَقْتِ

At the crossroads of time coding

نَادِرٌ كَزَهْرَةِ كَأْسِ الْوَرْدِ

Rare as a colchicum flower

الْموْلُودَةِ مِنَ هَذِهِ الصُّخُورِ

Born of these rocks

Part 3

تَمَهَّلْ
Slow down
وَأَنْتَ تُسَابِقُ الْفَجْرَ
And you are chasing dawn[2]
هَيَّا إِلَى دَارِنَا قَبْلَ اللَّيْلِ
Come to our home before night
آه! كَمْ مِنَ الْوَقْتِ مَضَى عَلَيْكَ
Uh! How long have you passed![3]
عَلَى عَتَبَاتِ الْأَصْيَافِ
On the thresholds of summers
تُشَيِّعُكَ الرَّهْوَاتُ الْبِيضُ
White storks convoy you
ذِهْنُكَ مُمْتَلِئٌ بِالْأَمْكِنَةِ
Your mind is full of places[4]
كَلِمَاتُكَ تُلَامِسُ نَعْشَ نَهَارِنَا الْخَائِرِ
Your words coffin our waning day
فِي هَذِهِ الظَّهِيرَةِ الْآسِرَةِ
In this glamorous afternoon
اسْتَرِحْ أَيُّهَا السَّيِّدُ
Take a rest, old man
تَحْتَ شَجَرَةِ الْجَوزِ الْعَتِيقَةِ
Under the old walnut tree
تَمْضِي السَّنَوَاتُ
Years will pass
وَقَدْ لَا نَرَاكَ مَرَّةً أُخْرَى
We may not see you again

---

[2] From E.L. James
[3] From Nietzsche
[4] From Nietzsche

Part 4

قَبْلَ مَجِيءِ عَالَمٍ شَاحِبٍ
Before the advent of a pale world
ذَاكَ الْمَقْعَدُ كَانَ سَرِيرًا فِي اللَّيْلِ
That seat was a bed at night
وَالْقَهْوَةُ بِفَنَاجِينَ مُتَكَسِّرَةٍ
The coffee with broken cups
وَتِلْكَ أَوَانٍ مُسْتَهْلَكَةٍ
The depleted utensils
وَفِي الْخَارِجِ مَوْقِدُ الطُّهوِ
The outdoor cooking stove
وَالدُّخَانُ يَخُطُّ طَرِيقَهُ كَالْجَدَوَلِ الْبَطِيءِ
The smoke stream making its way slowly
وَبَعضُ النِّعَمِ الَّتِي تُيَسِّرُ الْحَيَاةَ
And some graces that ease life
قَلِيلٌ مِنَ الْكَمَالِيَاتِ لِمُتْعَةِ كُلِّ شَيْءٍ
Few luxuries to delight it all
وَهُنَاكَ يُغَادِرُ النَّهَارُ أَعْلَى التَّلِّ
And there the day leaves up the hill
فَيَمْلَؤُ سَمَرُنَا الصَّاخِبُ الْعَتْمَةَ
Our loud talks fill the darkness
وَصَلَاةُ الْأُمِّ تُبَارِكُ النَّوْمَ
And the mother's prayer blesses sleep
وَهَذِهِ الْبُيُوتُ الْقَدِيمَةُ
Those old houses
مِنْ فَضَائِلِ الرِّيفِ
Part of the countryside virtues
نَرْتَدِيهَا كَدَرْعِ السُّلْحَفَاةِ
We wear like a turtle shell
هَلْ تَهْجُرُنَا هَذِهِ الدُّورُ الْحَالِمَةُ؟
Do these dreamy houses desert us?
مَنْ يُغَنِّي أُغْنِيَتَنَا؟
Who will sing our song?

Part 5

تَعَالَ، تَعَالْ

Come on, come on

فِي الْمَمَرِّ الْمظلَّلِ بَيْنَ الْأَشْجَارِ

Mid the trees in the shady aisle

وَظِلٌّ مُحْتَضِرٌ يَرْقِصُ عِنْدَ قَدَمَيْكَ

A dying shadow dances at your feet

لِتَبْقَى لَنَا رَغْبَةُ الْإِنْجِرَافِ

To keep us wanting to drift

نَحْوَ مَخَابِئِ الْوَقْتِ

Towards the caches of time

اسْمَحْ لِي، بِرِحْلَةِ حُبٍّ، بَيْنَ يَدَيْكَ

Permit me a voyage of love, into your hands[5]

سَيَفْتِنُ اللَّيْلُ أَرْوَاحَنَا الْمَنْبُوذَةَ

The night will mesmerize our outcast souls

يُدَوِّنُ فِيهَا كَلِمَاتٍ جَدِيدَةٍ

Write down new words

وَنَسْمَعُ صَهِيلَ الْغَابَةِ

And we hear the neighing of the forest

---

[5] Hart Crane

Part 6

يَمْضِي الْمَوْكَبُ

The procession takes off

بِكَامِلِ الْمَرَاسِمِ

In full ceremony

الْمَنَادِيلُ تُلَوِّحُ وَدَاعًا

Handkerchiefs wave goodbye

وَالزُّهُورُ الْمَجْنِيَّةُ مِنَ الْمُرُوجِ

The cut flowers from the meadows

وَإِلَى صَوْتِ الْأَجْرَاسِ

To the bells

نُنْصِتُ إِلَى الصَّلَوَاتِ

We listen to prayers

مِنْ وُجُوهٍ مُعَتَّقَةٍ

From vintage faces

وَيَتَضَاعَفُ أَسَى الصَّفْصَافِ

The sorrow of the willow doubles

عَبْرَ تَدَرُّجَاتِ الرِّيفِ

Across the gradations of the countryside

وَمِنْ طَاقِ الْقَيْقَبِ الصَّدِئِ

And through the rusty maple

تَنْحَنِي الشَّمْسُ إِجْلَالًا

The sun bows respectfully

وَتَتَبَارَزُ الظِّلَالُ الْمُتَصَاعِدَةُ لِلْمُرْتَفَعَاتِ

Shadows ascend towards the heights

لِتَكُنْ هَدْهَدَتُكَ أَكْثَرَ لِطْفًا

Let your caresses be gentler

أَيُّهَا النَّسِيمُ الْمُرَفْرِفُ فِي التُّفَّاحِ

O breeze fluttering in the apples

مُثْقَلٌ بِبَخُورِ الْقِطَافِ

Laden with the incense of the harvest

وَمُنْطَلِقٌ نَحْوَ سُورِ الْحَدِيقَةِ الْحَجَرِيِّ

Heading to the garden's stone wall

هُنَاكَ نُوَارِيهُمْ قَبْلَ حُلُولِ اللَّيْلِ

There we hide them before nightfall

يُضِيئُونَ الْجَوَانِبَ الرَّطْبَةَ

They illuminate the damp sides

وَيَتَصَاعَدُ آفِلًا دُخَانُ الْمَطَرِ

The rain smoke billows again

هَامِسًا تَنَهُّدَهُمْ فِي أَرْوَاحِنَا
Whispering their sighs into our souls

Part 7

فِي الْآفَاقِ الْمَرْئِيَّةِ لِلْقَرْيَةِ

In the visible horizons of the village

قَبْلَ إِغْفَاءَةِ النَّجْمَةِ الْبَيْضَاءَ

Before the White Star's nap

يَسْطَعُ الْخَرِيفُ إِشْعَاعَهُ الْأَخِيرَ

Autumn shines its last rays

يَرْكَبُ هَوَادِجَ الْأَشْجَارِ

Rides the carriages of trees

يَضِلُّ عَلَى التِّلَالِ

Wanders on the hills

مَصْحُوبًا بِأُوْرَاقٍ صَفْرَاءُ

Accompanied by yellow leaves

يَتَسَرَّبُ إِلَى الْكَرْمَةِ بِامْتِدَادٍ حُلْوٍ

Endows flavor to grapes

يَصْطَافُ عَلَى زُهُورِ كَأْسِ الْوَرْدِ

Spends a short summer on colchicum flowers

وَيَتَسَكَّعُ فِي بَاحَةِ الْقَرْيَةِ

And lingers in the village square

وَبِرِدَائِهِ يَكْسُو الْأَحْرَاجَ

With his mantle, he covers the forests

مُسْتَنْشِعِرًا بَوَاكِيرَ الْعَاصِفَةِ

Sensing the early storms

يَنْفُخُ بِوِقَارٍ فِي مِزْمَارِهِ

Blows solemnly his reed

مُوَدِّعًا الشَّمْسَ أُمَّهُ

Bids farewell to his mother, the Sun

فَيُنْصِتُ سُكَّانُ الدُّورِ رَهْبَةً

The peasants listen in awe

وَالْجَدَاجِدُ النَّشْوَانَةُ سَتَتَبَارَى

And the joyous crickets will compete

فَوْقَ ثِمَارِ الْوَرْدِ الْبَرِّيِّ

On the wild rose hips

فِي بَلَاغَةٍ مُؤَثِّرَةٍ

In nostalgic eloquence

وَيَنْهَمِرُ النَّدَى الْعَذْبُ

The fresh dew will pour

وَفَاءًا لِعُذُوبَةٍ فِي السَّمَوَاتِ

Disbursing compassion from heavens

فَتَتَصَعَّدُ الْأَصْدَاءُ مُتَنَائِيَةً
Echoes will ascend
وَيَشْتَدُّ السُّعَالُ تَحْتَ الْحَجَرِ
The cough grows beneath the stone
لِأَجْلِ الْحَقِيقَةِ الْمُوجِبَةِ لِلزَّوَالِ
For the truth that necessitates demise

Part 8

تَهُبُّ أَنْفَاسُ الشِّتَاءِ عَلَى الْمُرُوجِ
Winter's breath blows on meadows
وَتَسْتَجْدِي تَارَةً عَلَى السِّيَاجَاتِ
And pleads sometimes on the hedges
تَطْرِفُ عَيْنُ الصَّيْفِ
Summer's eyes twinkle
فِي عِبِّ الشَّجَرِ الْعَارِي
In the heart of the bare trees
الْأَوْرَاقُ الْمُبَرْقَشَةُ
The variegated leaves
تَتَطَايَرُ مُتَمَهِّلَةً فِي الْمَمَرَّاتِ
Fly leisurely down the aisles
وَتُعَاوِدُ التَّسَلُّقَ فِي النَّسَغِ
And climb the sap again
لَآلِئَ خَضْرَاءَ وَفِضِّيَّةً
Green and silver pearls
ثَمَرُ الْعَفْصِ لَا يَتَحَرَّرُ مِنْ قُلُنْسُوَّتِهِ
Acorns remain caught in their caps
حَتَّى يَحْلُوَ لُبُّهُ الْيَانِعُ بِمَاءِ الْمَطَرِ
Until rainwater sweetens the pulp
الْبُطْمُ النَّشْوَانُ آسِرٌ فِي الْعَشِيَّاتِ
The elated mastics captivate the evenings
وَيُظَلِّلُ الزَّوَايَا الْعَتِيقَةَ
And shade the ancient nooks
لِحَافُ الثَّلْجِ سَيُدْفِئُهُمْ
The snow duvet will keep them warm
وَالْمَاءُ يُثَرْثِرُ بِلَا كَلَلٍ
And the water babbles tirelessly
"قَدِيمًا فِي أَحَدِ الْجِبَالِ"
"Once upon a time in a mountain"

19

Part 9

هَكَذَا تُؤَدِّي أَفْوَاهٌ لِلزَّمَانِ
Eons bear witness
فَوْقَ أَبْرَاجِ النَّفْسِ الْمُصَدَّعَةِ
To the wreckage of souls
وَعَبْرَ حُقُولٍ زَهِيدَةٍ
Across humble fields
وَالنَّوَاقِيسُ فِي نُوْحِهَا وَأَغَارِيدِهَا
Bells in their mourning or joy
تُرَاكِمُ زَخِيخَ الْكُنُوزِ
Pile up pearls of paradise
وَالرَّاحِلُونَ يُغَنُّونَ خَلْفَ نَوَافِذِهِمْ
The departed sing behind their panes
وَلَا شَيْءٌ غَيْرَ حُضُورِهِمْ الشَّفَّافْ
Nothing but their translucent presence
وَأَشْجَارُ الدِّيَارِ هَانِئَةٌ بِرِفْقَتِهِمْ
Homegrown trees rejoice with them
وَعَرَائِسُ الْأَغْرَاسِ الْفَتِيَّةِ
Nymphs of early saplings
هَائِمَةٌ بَيْنَ الظِّلِّ وَالشُّعَلِ
Wander from glooms to sparks
وَزُمَّارُ الرُّعَاةِ الْأَرْقَشْ
The ornate shepherd's cane
يَتَوَسَّلُ التَّحِيَّةَ
Pleads for a salutation
غِوَايَةُ أَزْمِنَةٍ مُرَاوِغَةٍ
A seduction of cunning ages
وَالْأَرْيَافُ الظَّلِيلَةُ
For a cheerful countryside
قُرًى مِنْ رُسُومٍ هَوَائِيَّةٍ
Villages on floating landscapes
تَبْسِطُهَا السَّمَاءُ عَلَى غَسَقِ السُّفُوحِ
Slumber at dusk on the hillsides
بِاللَّوْنِ الَّذِي يَصْحَبُ الْفُصُولَ
With colors matching the seasons
صَاخِبًا فِي مَتَاهَةِ السِّنْدِيَانْ
Noisy in the oak maze
الْحَوْرُ السَّاهِرُ مُتَمَالِكُ الْجَأْشْ
The steadfast sentinel poplar

رَشِيقٌ كَأَنْصَابِ آلِهَةٍ
Svelte as statues of gods
وَالْقَمَرُ مِنْ خُرُوم السُّحُب
The moon from the cloud vents
يُوَاكِبُ مُشَاةَ الْأَزِقَّةِ
Joins the alley walk
كَصَدِيقٍ قَدِيمْ
As an old friend

Part 10

يَا مَنْ حَلَّ مَكَانَنَا

You who took our place

أَوْلَادًا كُنَّا

We were young

نَبْتَكِرُ مَلَائِكَةً لِكُلِّ يَوْمٍ

We create daily angels

نُبَدِّدُ مَعَهَا أَيَّامَنَا

With whom we waste our days

نَسِيرُ فِي مُغَامَرَاتٍ جَنْبًا إِلَى جَنْبٍ

Side by side we go on adventures

نُوقِظُ ظِلَالًا مَجْهُولَةً

Awake unknown shadows

فِي لِقَاءَاتٍ غَيْرِ مُنْتَظَرَةٍ

In unexpected encounters

نَمْتَطِي عَرَبَةَ الرِّيحِ

We ride wind carts

نَدُوسُ سُطَاحَ السُّبُلِ

Trample on aisles flat weeds

نَطَأُ مَعَاصِرَ الزَّرْجُونِ الْمَهْجُورَةِ

Jump over forsaken rocky troughs

نَقْتَفِي فِي الْوَعْرِ، مَحْمُومِينَ

Track feverish, in rugged lands

سِنْجَابَ الْجَوْزِ الْأَشْهَبِ

Pale squirrels of walnut trees

نَتَرَصَّدُ رُصَّادَ الْكُنُوزِ

Lurk for the treasure guardian

تَشُدُّنَا عَلَامَاتٌ ضَائِعَة

Pulled by lost marks

نَقْتَحِمُ مَحَابِسًا قَدِيمَةً

We storm old hermitages

عَلَى الْمُنْحَدَرَاتِ الْحَجَرِيَّةِ

On stony cliffs

ذَاكَ الْغُبَارُ كَانَ سُكَّانَهَا

That dust was its inhabitants

عَكَسَ صَوْتُ الطَّبِيعَةِ حُضُورَهُمْ

The sound of nature echoed their presence

وَغَنَّتِ الْحِجَالُ كُلَّ مَا عِنْدِهَا

Partridges sang all they could

رِجَالُ دِينٍ أَمْ دُنْيَا
Clerics or lay people
لَقَدْ حَمُوا الْعَجَلَةَ
They shield the wheel
وَلَمْ يَبْخِلُوا بِأَرْوَاحِهِمْ
And did not spare their lives
سَوَاءَ ذَهَبُوا إِلَى الْمَجْدِ أَوِ الْمَوْت
Whether they go to glory or death
لَكِنَّ الْهَزْرَانَ كَانَتْ تَطْوِي رِيشَهَا
But soon, warblers fold their feathers
وَالْهَوَاءُ يَتَلَاشَى سَرِيعًا
And all air fades
وَتَعُمُّ الْمَكَانَ خُطًى
Footsteps fill the place
فَنغَادِرُ فِي الْمَسَاءِ غَيْرَ مَرْغُوبٍ بِنَا
Unwanted, we leave in the evening
كَمَا لَوْ أَنَّ أَحَدًا لَمْ يَمُرْ
As if no one had passed
وَيَحْتَفِظُ كُلٌّ بِالْإِيحَاءِ لِنَفْسِهِ
Each keeps the revelation to himself
وَالْأَهْلُ يَكْدَحُونَ
And our parents toil
تُبَارِكُ السَّمَاءُ الْعُسْرَ فِي ظُهُورِهِمْ
God bless their backs' hardship
وَالْبَرَارِي الْخَضِيلَةُ
While the fertile prairies
تَتَكَفَّلُ بِمَلْئِ الْقُدُورِ
Undertake filling the pots
عِنْدَ نَفَاذِ الْمُؤُنِ
When supplies run out
كُنَّا نَرِدُ مُرُوجَ النَّجِيلِ
We used to frequent the lawns
مَعَ الْبَرَكَاتِ الْبَسِيطَةِ
With simple blessings
هَلْ كَانَ ذَلِكَ بَهَاءًا زَائِفًا
Was it fake glamor?
لَكِنْ غَالِبًا مَا كَانَ الْأَسَى قَرِيبًا
But distress often draws near
عَلَى مِنْوَالِ الْفُرَاقِ آخِرِ الصَّيْفِ
Like parting at the end of summer

وَالْحَيَاةِ عَلَى جُرْفٍ مُرْتَفِعٍ
And life on a high cliff
وَهَلْ أَنْسَى الْأَيَّامَ؟
Will I forget those days?
الَّتِي عَكَسَتْ أَلْوَانَ حَيَاتِنَا
Reflecting the colors of our life
وَعَمِيقًا أُخَزِّنُ تِلْكَ الْخُطَى الْقَدِيمَةَ
Deep down I store those old footsteps
تِلْكَ الرَّغَبَاتِ الْهَادِئَةِ
Those quiet desires
وَأُبْحِرُ إِلَيْهَا عَبْرَ السُّطُور
I sail to them across the lines
أَجِدُ طَرِيقَ الْأَيَّامِ الْخَوَالِي
Find my way to old days
أَرَى وَأَسْمَعُ، عَلَى قَيْدِ الْحَيَاةِ
I see and hear, alive
حُرًّا كَالطُّيُورِ الْمُتَوَطِّنَةِ
Free like our endemic birds

✧ ✧ ✧

Part 11

يَعْبُرُ الْآنَ الطَّيْرُ وَالسَّحَابُ
Now birds and clouds pass over
تَتَكَسَّرُ الْكَلِمَاتُ الشَّفَّافَةُ
Glassy words shatter
الَّتِي مَرَّ الْعَالَمُ مِنْ خِلَالِهَا
Through which the world passed
وَجْهُ الْكَنِيسَةِ يَكْفَهِرُّ
The face of our church thrives
أَعِنَّةُ الرُّعُودِ تُصَدِّعُ السَّمَاوَاتِ
Bridle of thunder rifts the heavens
وَرَكَمُ الْمَرْثِيَّاتِ يَتَبَدَّدُ فِي الْقِبَابِ
Heaps of elegies dissipate in vaults
وَنُرَتِّلُ مَعَ الْعَوِيلِ إِجْلَالًا
With tears, we sing reverently
فِي وَدَاعِ الْأَزْهَارِ
In adieu to flowers
كَيْ تَعُودَ اسْتِجَابَةً لِلصَّلَوَاتِ
To return in response to prayers
تَعُمُّنَا نِعْمَةُ النِّسْيَانِ
The grace of oblivion descends upon us
وَنَخْطُوَ قُدُمًا فِي صَلَاةٍ خَرْسَاءَ
We walk forward in silent prayer
فِي مُوَاجَهَةٍ بَيْنَ الْأَرْضِ وَالسَّمَاءِ
In a clash between the Earth and Sky

Part 12

الْأَيَّامُ عَدٌّ ذِهْنِيٌّ وَعَدٌّ بَصَرِيٌّ
Days are mental and optical count
اللَّوْنُ يُنْبِئُ بِالزَّمَانِ
Color foretells time
الْوَرَقُ الْفُصُولُ وَالْأَغْصَانُ السِّنِينُ
Leaves are seasons, woods are years
وَالسِّنِينُ الْحَجَرُ
Years are stone
عُيُونُنَا إِلَى الْحَجَرِ شَاخِصَةٌ
We stare at the stone
الْحَجَرُ الشَّاهِدُ
The rocky onlookers
حَجَرُ الطَّوْدِ الرَّمَادِيّ
The lonely gray peak
أَنْصَابُ الْبَرَارِي وَأَحْجَارُ الدُّورِ
Prairie boulders and house stones
مَدَامِيكُ الْكَنَائِسِ وَالْأَقْوَاسِ
The stonework of churches and arches
وَالشَّوَاهِدُ الْأَسِيَةِ
The sorrowful memorials
الْحَجَرُ الْجَافُّ وَالصَّلْدُ
The dry and flint stone
حَجَرُ الْمَاءِ الرَّقْرَاقِ وَالطُّحْلَبِ
The murmuring lichen stone
الْحَجَرُ الرَّحَمُ
The stone that is a womb
الَّذِي يَلِدُ الْمَاءَ الْحَيَّ
Giving birth to the living water
وَالنَّاسُ بِوُجُوهِهِمْ
And the folks with their faces
كَانُوا حَجَرًا مُتَحَوِّلًا
Were a remodeled stone
يَنْشُدُونَ الْحَيَاةَ الصَّافِيَةَ
Seeking pure life
خُبْزَ كُلِّ يَوْمٍ
As daily bread
وَكَانَتْ أُمِّي حَدِيقَتَنَا
And mom was our garden

المُسَوَّرَةَ بِالْحَجَرِ
Walled with stone

✧ ✧ ✧

27

Part 13

كُنَّا نَرْكُنُ فِي أَرْجَائِهَا الرَّيَّانَةِ
We lived in her green parts
جَاثِمِينَ عِنْدَ تُخُومِ الْحَجَرِ
Crouching at the edge of the stone
وَمَعْ دَوْرَةِ كُلِّ سَنَةٍ حَجَرِيَّةٍ
And with each stone year
كَانَ أَبِي يَجِيءُ وَيَرْحَلُ
Dad used to come and go
فِي عَشِيَّاتٍ مَعْقُودَةٍ بِالنُّجُومِ
In nights vaulted with stars
فَتَتَظَاهَرُ أُمِّيَ بِالِانْشِغَالِ
Mom pretends to be busy
وَنَحْنُ نُشَاهِدُ السَّيَّارَةَ تَبْتَعِدُ
As we watch the car drive away
وَنُقَابِلُ نُبَاحَ اللَّيْلِ بِالصَّمْتِ
We face mutely the barking of the night
حَتَّى تَفِيقَ الْحُقُولُ فِي الصَّبَاحِ
Until the fields wake up at dawn
فَنُلَوِّحُ لِلْعَابِرِينَ
We wave to passers-by
لِأَجْلِ سَمَاعِ صَوْتٍ جَدِيدٍ
For a new voice
رَاجِينَ أَنْ تُهَرْوِلَ الْأَيَّامُ
Hoping days will run
مُتَسَرِّبَةً مِنْ خِلَالِ عَدَسَةِ صُنْدُوقِ الْفُرْجَةِ
Through the lens of a wonder box
بِأَلْوَانٍ مُبْهِجَةٍ
In cheerful colors
وَبِسُرْعَتِهَا الْمُضَاعَفَةِ
And doubling the speed
تَوَاتَرَتْ عَلَى جَبِينِ أَبِي
It was frequent on my dad's forehead
ضِفَافٌ بِمَلَائِكَةٍ حَالِمَةٍ
Banks with dreamy angels

وَمَا لَمْ يَكُنْ طَيْرًا كَانَ حَجَرًا

What wasn't a bird, was a stone

مَنْسِيًّا عَلَى حَوَافِ الْمَاءِ

Forgotten about the edges of waters

✧ ✧ ✧

Part 14

لِأَجْلِ الذِّكْرَى أَقُولُ

For remembrance, I say

لَمْ يَجْرُؤْ أَنْ يَهْزَأَ بِالزَّمَانِ

He did not dare mock the time

دَنْدَنَ أَهَازِيجَ الْقُرَى

He murmured folks' songs

وَاجْتَازَ الْأَجَمَاتِ الظَّلِيلَة

Passed through shady thickets

بَعِيدًا عَنِ الْقَوَافِلِ

Away from convoys

تَارِكًا لِلسَّاعَاتِ أَنْ تَتَكَوَّنَ بِحُبٍّ

Letting love shape the hours

بَاحِثًا عَنْ مِصْبَاحٍ وَرْدِيٍّ

Searching for a rosy lantern

فِي كَآبَةِ ظُلُمَاتِنَا

In the gloom of our darkness

وَشَيْئًا فَشَيْئًا

But little by little

فِي عَاصِفَةِ الْحَيَاةِ

In the storm of life

كَانَ يَدْنُو مِنْ قَافِلَةٍ

He was getting close to a convoy

يَتَرَنَّحُ فِيهَا شُيُوخُ الْقَرْيَةِ الْوُدَعَاءُ

Of old villagers swaying gently in their gait

تَحْتَ أَقْوَاسِ الضِّيَاءِ

Under the arches of light

❖ ❖ ❖

Part 15

كَمْ سَرِيعًا تَمُرُّ السُّنُونُ
How quickly the years pass
الَّتِي تَصِيرُ لَنَا قَوْسَ قُزَح
Making our rainbow
وَعَبْرَ الْفَرَحِ الصَّادِقِ
And through sincere joy
سَيَكُونُ الْحَاضِرُ مُعْجِزَةَ الْمَاضِي
Present is the miracle of the past
وَالْآنَ لَمْ أَزَلْ أُصَادِفُهُ
And now I still encounter him
يَجُوبُ أَمَاكِنَهُ الْمُعْتَادَةَ
He wanders along his usual trails
يُشَارِكُ فِي أَحَادِيثِ الطَّيْرِ وَالْمِيَاهْ
Joins bird and water chats
تُلَوِّنُهُ مَسْحَةُ تَعَبٍ
With a trace of fatigue
وَيُغَادِرُ فِي الْعَتْمَةِ كَمَا فِي الْمَاضِي
And leaves in the dark, as in the past

Part 16

الصَّيْفُ الرَّقِيقُ هُنَا
Soft summer is here
الصَّيْفُ الدَّافِىُ
Warm summer
الصَّيْفُ الْمَائِيُّ
Watery summer
هَبَطْتُ بِأَجْنِحَةِ الْمَاضِي
I land with the wings of the past
عَلَى إِيقَاعِ خُطُوَاتِي الْقَدِيمَةِ
On the pace of my old steps
جَلَسْتُ عَلَى الشُّرْفَةِ
I sat on the terrace
رَحَلَ النَّهَارُ بِمَشَاهِدِهِ الصَّغِيرَةِ
The day passed with its small scenes
وَهَرْوَلَ جَدْوَلُ الْعَتْمَةِ
The brook of darkness runs
رَسَمَ حَرَكَةَ النُّفُوسِ غَيْرِ الْمَرْئِيَّةِ
Sketched the movement of invisible souls
فِي ارْتِعَاشِ الْمِصْبَاحِ
In the flickering of the lantern
سَمِعْتُ بَاقَةَ كَلِمَاتٍ قَدِيمَةٍ
I heard a bouquet of old words

حتى النّجمات إلها أعمار"
Even stars have ages lifespan
تغمّض عيونا وتصير حجار
They go blind and turn to stone
لا تنسى راح يجي نهار
Remember, there will be a day
ينطفي نهارنا
Our day will turn off
يغنّي طير الغياب
The bird of parting will sing
ونسمات بالبال تضيّع ديارنا
Heart will stray from home
وتراب يغطّي دارنا يا قلبي
And earth dirt will cover our house, O heart
وتراب

And earth dirt

يغطِّي دارنا

Will cover our house

يا قلبي

O heart"

ثُمَّ جَاءَ ذَلِكَ الطَّائِرُ

Then that bird came

حَطَّ مِنْ زَوَايَا الْمَسَاءِ

From the corners of the evening

أَيُّهَا الْمَسَاءُ

O evening

وَأَنْتَ فَرِيدٌ بِمَشَاعِرِكَ

Unique in your feelings

مَا الَّذِي أَتَى بِهِ عِنْدَ التَّاسِعَةِ لَيْلًا؟

What brought him nine pm?

هَلْ جَاءَ مِنْ بَعِيدٍ؟

Had he journeyed long?

وَجَدْنَاهُ تَحْتَ شَجَرَةِ الْكَرَزِ

We found it under the cherry tree

طَارَ وَرَبَتَ عَلَى كَتِفِي

He flew and pat on my shoulder

ثُمَّ جَثَمَ عَلَى قُضْبَانِ النَّافِذَةِ

Then perched on the window bars

جَاءَ وَلَمْ يُغَنِّ

He came and did not sing

وَبَسَطَ السُّكُونَ عَلَى الْأَرْجَاءِ

He spread stillness all around

Part 17

أَيَا وَجْهَ الشَّمْسِ
O face of the Sun
وَأَنْتَ تَسْحَرُ مُنْحَدَرَاتَنَا بِالضِّيَاءِ
You enchant our land with light
بِمَا تَمْنَحُ مِنْ ابْتِهَاجَاتٍ مُضَاعَفَةٍ
With such double delights you bestow
يَا هَوَاءَ السَّمَاءِ الْحُلْوِ
O sweet breeze of the sky
يَا زَهْرَةَ الْإِيمَاءَاتِ اللَّطِيفَةِ
O flower of gentle gestures
الَّتِي تُبَدِّدُ كُلَّ الْوُجُومِ
Dispelling all blues
فِي سَرِيرَتِكَ أَسْرًى مَنْذُورِينَ
Your captives had been vowed
يَتَوَارَدُونَ مُرْتَدِينَ أَحْلَامَنَا
They return wearing our dreams
مِرَارًا تَعْلُو جَلَبَةُ أَصْوَاتِهِمْ
We hear their voices so often
مُنْسَرِبِينَ مِنْ خَرَائِبِهِمْ الطَّحْلَبِيَّةِ
Streaming from their mossy ruins
هَمُّهُمْ التَّجَذُّرُ فِي الْأَرْضِ
Caring about rooting in land
مُبَارَكُونَ كَالسِّنْدِيَانِ الْمُسِنِّ
Blessed as aged oak
يَغْشُونَ الْبَيَادِرَ
Heading to the threshing floors
كَامِلِي الْإِرَادَةِ
Full of will
يَتَدَافَعُونَ وَيَتَعَثَّرُونَ
Flocking and faltering
يَتَظَلَّلُونَ الْأَشْجَارَ، مُنْهَكِينَ
Exhausted, they take shelter in trees
يُؤْنِسُونَ سَعْيَنَا الْيَوْمِيَّ
Amuse our daily endeavor
يَسْرُدُونَ النَّوَادِرَ
Recount tales
فَرِحِينَ لِمَنْ قَضَى هُنَا
Satisfied with who died here

وَآسِفِينَ لِمَنْ هَاجَرَ
Sorry for who emigrated
لَكِنْ وَبَيْنَمَا نَسْتَسْلِمُ لِلنَّوْمِ
And while we give in to sleep
يَتَصَدَّرُونَ الْمَشْهَدَ
They lead the scene
مُشَكِّلِينَ لَوْحَتَهُ الْفَرِيدَةَ
Portray its unique palette
وَمِنْ تَحْتِ لِحَافِ الْحَجَرِ
And from under the stone's quilt
تَصْحُو الْقَرْيَةُ عَلَى سَجِيَّتِهَا
The village wakes up leisurely
فَيَهْرَعُونَ فَوْقَ الدُّرُوبِ
They stroll on the roads
مُتَلَاقِينَ بِكَامِلِ هِنْدَامِهِم الْمَحَلِّيْ
Gather in folkloric costumes
وَفِي أَوْج نَشَاطِهِمْ
Turn hyperactive
يُعِيدُونَ بِنَاءَ الْبُيُوتِ الْقَدِيمَةِ
They rebuild their broken houses
وَيَشْرَعُونَ شَبَابِيكَهُمْ عَلَى السَّمَاءِ الْغَامِرَةِ
Open wide their panes to the splendid sky
يُضِيئُونَ سُرُجًا خَافِتَةً
Light faint lanterns
وَيَسْتَمْتِعُونَ بِوَهْج الصَّبَاحِ
Enjoy the dawn's glow
يَسْطَعُ عَلَى شَوَاهِقِ الْوِهَادِ
On the towering cliffs
يَرْتَقُونَ تَلَّةَ الْمَزَارِ الْقَدِيمِ
Climb the old altar hill
"مُرَدِّدِينَ: "بَارِكْنَا يَا أَبِي
Chanting: "Bless us, father"
وَتُسْمَعُ صَلَاتُهُمْ فِي الزَّوْبَعَةِ
Their prayer is heard in the whirlwind
الضَّارِبَةِ أَسْفَلَ الْوَادِي
Striking down the valley
وَمَعَ صِيَاحِ دِيكَتِهِمُ الْمُصَاحِبَةِ
Accompanied by their rooster's crow
لَا شَيْءَ يَخْرُقُ الضَّبَابَ عِنْدَئِذٍ
Then nothing breaks the fog

غَيْرَ صَوْتِ عِصِيِّهِمْ

But their stick canes

تُهَرْوِلُ عَائِدَةً نَحْوَ اللَّيْلِ

Trotting back into the night

Part 18

هُنَا دُرُوبُ السَّنَابِلِ
Here were boards of stalks
بِرُؤُوسِهَا الْمَرِحَةِ
With cheerful heads
بَيَادِرُ، نَوَارِجُ، وَحَصَّادِينَ
Threshing-floors, sheaves, and harvesters
وَهُنَاكَ كُرُومٌ وَشَجَرٌ مُثْمِرٌ
And there, vineyards and orchards
بِفَاكِهَةٍ تَنْضَجُ فِي مَصَائِدَ لِلشَّمْسِ
Ripening in sun traps
بِمَذَاقِ الضِّيَاءِ الْمُصَفَّى
Flavored with refined light
أَدْمَنَتْ غَزْوَهَا طُيُورُ الزَّاغِ
Invaded by addicted jay birds
مِنْ مَوْطِنِهَا فِي وِهَادِ الرَّصَدِ
From the guarded valley
مُطْلِقَةً شَارَاتِهَا الضِّمْنِيَّةِ
Dispersing implicit signs
فِي زَعِيقِهَا الْمَكْتُومِ
In their muffled squeals
وَالصَّيْفُ بِتَاجِهِ الرَّحِيبِ
Wide was the crested summer
أَبَدًا فِي أَوَّلِهِ
Forever in its infancy
يُلَوِّنُ الْوَشِيعَ
Coloring the hillsides
مِزْمَارُ النَّسِيمِ يُدَاعِبُ الصَّفْصَافَ
Wind flutes play in willows
وَأَغَانِي الرُّعَاةِ الْمُبَلَّلَةِ بِالْأَسَى
Shepherds sing downhearted
يَتَجَوَّلُونَ مَعَ قُطْعَانِهِمُ الْمُبَارَكَةِ
Wander with their blessed herds
بِأَنْفَاسِ الْفَاكِهَةِ الْبَرِّيَّةِ
Inhale wild fruits
إِجَاصٌ وَزُعْرُورٌ مُتَجَذِّرٌ فِي الْحُدُورِ
Pear and hawthorn rooted in the steep
وَعُقْبَانٌ تُعَشِّشُ فِي الصَّوَامِعِ الْعَصِيَّةِ
Birds of prey nest in remote eyries

وَالْقُرَوِيُّونَ يُهَاتِفُونَ فِي أُمُورِهِمْ الطَّارِئَةِ
Villagers yell upon their emergencies
لِأَيِّ غَرَضٍ، وَمِنْ جَبَلٍ لِوَادٍ،
For any purpose; from peak to valley
"يَا هُوووووه"
"Yahoooooh"
وَتَطِيرُ الصَّيْحَةُ
And the call flies
فِي رِحْلَتِهَا إِلَى الْجَمَاجِمِ الْمُتَلَقِّيَة
On its journey to the receiving skulls
بِلَا أَثَرٍ علَىَ الْقِطْعَانِ
Without effect on herds
إِلَى أَنْ تَجْمَحَ بِالْبِغَالِ الْحَرُونْ
Until breed mules run wild
وَالْآكَامُ تُرَدِّدُ الْأَقَاصِيصَ بَعِيدًا
The hills echo tales far away
نَسْتَرِدُّ فِيهَا الضَّوْضَاءَ الْأَصِيلَ
Through which we recall the olden tone

Part 19

قَبْلَ شِحِّ الْحَيَاةِ الْحَدِيثَةِ
Before the scarcity of modern life
حَمَلَ كُلٌّ هُنَا الشُّعْلَةَ
All here carried the torch
وَانْسَلَّ فِي الْحَشْدِ
Slipped into the crowd
شَقَّ دَرْبَهُ عَبْرَ الْعَاصِفَةِ
Made their way through the storm
سَرَدَ أَقَاصِيصَهُ الْمُتَوَاضِعَةِ
Narrated their humble stories
جَذًى ذِهْنِيَّةً فِي مَرَايَا الدُّنْيَا
Mental sparks in earthly mirrors
وَرَغْمَ اخْتِلَالِ عَالَمِ التَّجْرِبَةِ
Despite the imbalance of the real world
وَاجَهَ كُلٌّ قَدَرَهُ بِسَكِينَةٍ
They faced their fate calmly
وَعَلَى قَدْرٍ مِنَ الشَّجَاعَةِ
Upon a little valor
أَطْفَالٌ، شَبَابٌ، كُهَّالٌ وَعُجَّزٌ
Children, youth, elderly and old
اتَّبَعُوا قَوَاعِدَ التَّنَاغُمِ
Minded the rules of harmony
لِبَرَاءَةِ الزَّمَنِ الْمَحْضَةِ
To the pure innocence of time
أَوْدَعُوا أَصْوَاتَهُمْ أَنْصَابَ الْحَجَرِ
Entrusted their voices to majestic stones
أَلْقَوْا آهَاتَهُمْ عَلَى الْوِدْيَانِ
Threw cries upon the valleys
وَهَامُوا عَلَى الْآفَاقِ الْمَمْحُوَّةِ
Wandered to erased horizons
مُتَسَلِّقِينَ سَلَالِمَ قَمَرٍ خَفِيٍّ
Climbed the stairs of a hidden moon
كُلٌّ عَلَى مَذْهَبِ الْوِلَادَةِ
Each on the creed of birth
غَيْرَ مُبْتَهِلِينَ
Not supplicating
أَنْقِيَاءَ كَمَاءٍ صَخْرِيٍّ
Pure as a rocky water

مَخْطُوفِينَ فِي فَضَاءِ الْمَجَرَّاتِ
Hijacked into intergalactic space
كَشُهَابٍ فِي السَّدِيمِ
As comets in the mist
وَادِعِينَ وَهَادِئِينَ كَحِمْلَانٍ
Meek and quiet as lambs
خِفَافًا مَضَوْا
They went faintly
بِدَفْعِ مِجْذَافٍ مَجْنُونٍ
Pushed by an insane oar
مُتَسَلِّلِينَ خَارِجَ حَافَّاتِ أَيَّامِنَا الْمُنْهَارَةِ
Sneaking through our broken days
يَنْشُدُونَ جَنَائِنَ جَدِيدَةً
Aspiring to new orchards
وَهَازِئِينَ أَخِيرًا بِالزَّمَانِ
And ridiculing time, at last

Part 20

نَهَضَ النَّهَارُ مِنَ التِّلَالِ
The day rose from the hills
وَكَالْمَاءِ فِي السَّاقِيَةِ
As water in a brook
يَأْخُذُ بِثِقَةٍ خَطَّ النُّزُولِ
Takes confidently the descent line
وَالْعَالَمُ يَتَدَفَّقُ عَلَى الْجَانِبَيْنِ
And the world flows on both sides
لِمَنْ عَرِفَ ذَاكَ الطَّرِيقْ
For who had known that road
لِاسْتِكْشَافِ أَسْرَارَهُ مَعَ الْقَلْبِ
To plumb its mysteries with the heart
ذَهَبْتُ إِلَى تُخُومِ الْقَرْيَةِ
I went to the bounds of the village
وَجَدْتُ الْبَابَ وَالْجِدَارَ
I found the door and the wall
تَحْتَ ظِلَالِ السِّنْدِيَان
Sheltering in an oak tree
انْفَجَرَتْ صَرَخَاتُ الزَّاغِ عَالِيًا
Jays' cries exploded sky-high
كَاسِرَةً سُكُونَ النَّهَارِ
Breaking the calm of the day
لَا أَحَدَ تَحَرَّكَ
No one reacted
أَيَّةُ مَشَاعِرَ دَافِئَةً عَرِفْتُهَا؟
What warm feelings have I known?
دَاعَبْتُ الْأَعْشَابَ بِيَدِي
I caressed the grass with my hand
لَا أَلَمَ فِي التَّلَفِ الْبَطِيءِ
No pain in the slow decay
الْجِبَاهُ رَكَنَتْ لِلْهُدُوءِ
Foreheads reconciled to calm
الْعِظَامُ رَوَتِ قِصَصَ الْحُبِّ
Bones told love stories
الْحَجَرُ رَدَّدَ تَحِيَّةَ فَرَحٍ
The stone crooned a greeting of joy
وَفِي الضَّوْءِ الْمُنْسَرِحِ تَحْتَ الْغُبَار
In a light colliding with dust

غَنَّيْتُ بِصَمْتٍ

I sang faintly

مشتاق لاحباب"
I miss my beloved
لبيت مسيج بزنبق ووزال
A house circled with spartium and lilies
لصوت ينده من ورا الباب واحتار
A furtive call from behind the door
يمكن مصدره القلب يمكن صوات عتاق
It may be from the heart, or an old voice
ولو طار الورق الأصفر تحكي يا دار
Speak, O house, if the yellow leaves fly
ومن هاك الحجار تطلع الغنيات
Let these stones jingle with songs
وإنده بقلب الليل
Let me scream in the heart of the night
أحبابنا عادوا
My loved ones are back
ونجوم سهرانة تضوي طريق الغياب
Let the watchful stars oust the shadows of absence"

Part 21

بَحْثًا عَنْ بَابٍ أُولَدُ مِنْهُ
Searching for a door from which I can be born
سَأَعُودُ يَوْمًا إِلَى الْمُنْطَلَقِ الْأَوَّلِ
I will come back someday to the first premise
لِأَجْلِسَ عَلَى حَافَّةِ الْحَدِيقَةِ
Sit on the edge of the garden
الَّتِي سَكَبَتْهَا السَّمَاءُ
Poured by the sky
وَمِنْ تَحْتِ حِجَارَتِهَا الدَّافِئَةِ
From under the warmed stones
أَجْرَعُ مَاءَ الْجُذُورِ
I will drink tubers' water
الَّذِي يُحِيلُ صَوْتِي نِدَاءَاتٍ
That turns my voice to calls
أَشْهَدُ يُنْبُوعَ السَّمَاءِ
I will witness the fountain of heaven
يَرْفُدُ الْجَدَاوِلَ وَتَحْيَا الْحُقُولُ
Flooding the streams, reviving the fields
وَالْكَائِنَاتُ الْمِيرَاثُ السِّحْرِيُّ لِلْأَرْضْ
And beings, the magical inheritance of the Earth
وَمِنَ الْبَيْتِ الْقَدِيمِ
And from the old house
مِنْ نَافِذَةِ النَّظَرَاتِ الصَّغِيرَةِ
On the window of small glances
فِي الْقَرْيَةِ الْمُزَيَّنَةِ بِالشِّتَاءِ الْأَخِيرِ
In the village adorned with the last winter
كُلُّ الْبُيُوتِ ظِلَالٌ لِلصَّيْفِ
All houses will host the summer
تَحْلَمُ بِالْقِبَّةِ الزَّرْقَاءِ
Dream of the blue dome
يُلَوِّنُهَا الْمَسَاءُ الْوَادِعُ
Colored by the meek evening
لِتَغْفُوَ عَلَى السُّفُوحِ السَّاحِرَةِ
To nap on the charming slopes
وَدُودَةً مَعَ الْجِوَارِ
Cordial with the neighborhood

43

9 789948 748663